Abenteuer am Fluß

von Lucy Kincaid

Aus dem Englischen übertragen von Gisela Fischer

Bilder von Eric Kincaid

Inhalt

PESTALOZZI - VERLAG, D 8520 ERLANGEN

ISBN 3 87624 618 0
Printed in Hongkong

Welch ein Schreck!

An Bord des Flußschiffes „Tulpe" herrschte Ruhe. Die drei Freunde Thomas Otter, Martin Spitzmaus und Drops Feldmaus hatten den ganzen Vormittag über fleißig gearbeitet und faulenzten nun in der Sonne. Thomas las, und Martin und Drops, die zuerst ein Spiel gemacht hatten, waren eingeschlafen. Keiner der drei merkte, wie das Handtuch, das Drops zum Trocknen aufgehängt hatte, vom Wind davongeweht wurde. Keiner merkte, wie es sanft niederging und dabei eine Ente, die im Schilf schlief, zudeckte.
„Quak!" machte die Ente. Irgendetwas Dickes, Weiches hielt sie plötzlich gefangen. „Quaaaaak!" Sie breitete ihre Flügel aus und versuchte, es abzuschütteln. Aber es ließ sich nicht abschütteln!

„Quaaaak!" machte die Ente wieder und strebte flügelschlagend durch das Schilf dem Fluß zu.
Drops wachte von dem Lärm auf und erhob sich, um nachzusehen, was da los wäre. Er kam ganz verstört zurück.
„D...D...D...", brachte er nur hervor und klammerte sich an Thomas.
Thomas blickte verwundert von seinem Buch auf.
„Was ist los?" fragte er. „Du siehst aus, als hättest du gerade ein Gespenst gesehen."
„Ha...ha...habe ich ja auch!" stotterte Drops. „E...e...es schwimmt unten im Fluß!"
Da lachte Thomas. „Gespenster schwimmen doch nicht!"
„D...doch!" sagte Drops. „Ich habe es selbst gesehen."
Jetzt ging Martin an die Reling. Er kam genauso verstört zurück wie Drops.
„Drops hat recht", sagte er, „Gespenster können schwimmen."
Jetzt wurde es Thomas aber zu bunt. „Ihr wollt euch wohl über mich lustig machen?" fragte er.

Martin und Drops schüttelten den Kopf. Da ging Thomas selber nachsehen. „Da drüben ist es!" Martin und Drops zeigten ihm die Richtung, rührten sich aber nicht von der Stelle. Sie warteten darauf, daß auch ihr Freund vor Schreck blaß würde. Doch stattdessen fing Thomas an, fürchterlich zu lachen.

„Ich weiß gar nicht, was es da zu lachen gibt. Wir haben Angst!" sagte Martin beleidigt.
„Wovor? Vor einem Handtuch?"
„Einem Handtuch!?"
„Ja, habt ihr nicht gesehen, daß das Handtuch, das Drops vorhin aufgehängt hat, vom Wind weggeweht worden ist?"
„Aber wenn es ein Handtuch ist, warum bewegt es sich dann so seltsam?"

„Weil es über einer Ente hängt!"
Nun rief Thomas der Ente zu:
„Können wir wohl unser Handtuch wieder haben?"
Doch die Ente hatte es mittlerweile mit der Angst bekommen. Sie konnte ja nichts sehen, und richtig hören konnte sie auch nicht. Als Thomas sie ansprach, fürchtete sie sich darum um so mehr. „Quak! Quak! Quak!" machte sie und flatterte aufgeregt herum.

„Nur ruhig!" rief Thomas. „Ich komme und befreie dich!" Schon sprang er ins Wasser und schwamm zu der armen Ente.
„Quak! Quak!" machte die Ente ängstlich. Sie hörte Thomas kommen, aber sie wußte nicht, wer da kam. Sie wußte nur eines: Niemand, nein, niemand würde sie kriegen!

Thomas gab sich redlich Mühe, doch trotz aller Anstrengung kam er nicht nah genug an die Ente heran, um ihr das Handtuch wegzuziehen.
„Bleib weg!" quakte die Ente. „B l e i b w e g !"
Am Ufer saß Freddi Frosch und angelte.
„Sagt mal, könnt ihr nicht woanders spielen?" rief er verärgert.
„Ihr verjagt mir doch meine Fische!"

„Martin!" rief Thomas, ohne sich um den Frosch zu kümmern. „Komm und hilf mir!" Martin hatte keine Angst mehr. Schwupp! – schon war er im Wasser. Nun jagten sie zu zweit hinter der Ente her. Da hatte diese noch mehr Angst, flog noch ängstlicher umher, und Thomas geriet noch mehr außer Atem.

Freddi konnte es einfach nicht länger mitansehen. Er stand auf, warf geschickt die Angelschnur aus und zog das Handtuch mit einem Ruck von der Ente. Er tat, als wäre es die einfachste Sache der Welt.

„Ich weiß gar nicht, warum ihr solch einen Zirkus veranstaltet", meinte er, hakte das Handtuch los und ließ es ins Gras fallen.

„Warum hast du das nicht schon früher gemacht? Du hättest uns viel Mühe erspart!" sagte Thomas zu Freddi.

„Ich habe wahrhaftig Besseres zu tun, als mit Enten zu spielen", sagte der Frosch und widmete sich wieder seiner Angel.

Sobald die Ente wieder richtig sehen konnte, schwamm sie ins Schilf und versteckte sich. Sie kam erst wieder heraus, als Thomas ihr die Geschichte mit dem Handtuch erklärt hatte.
„Ich habe mich ziemlich dumm benommen, nicht wahr?" fragte sie ein wenig beschämt und senkte scheu den Kopf.
„Nein, nein", sagte Thomas freundlich.
„Ich finde doch", mischte Freddi Frosch sich ein. „Viel Lärm um nichts war das, wenn ihr mich fragt!"
„Wir haben dich aber nicht gefragt!" sagte Martin ärgerlich.
„Und wir werden dich auch nicht fragen!" fügte Drops hinzu.
„Und wenn ihr mich fragen würdet, würde ich euch auch gar keine Antwort geben", sagte Freddi trotzig.
„Das hast du leider schon", meinte Thomas seufzend.

Der blinde Passagier

Die Sonne durchbrach gerade den Frühnebel, und alle an Bord der Tulpe wachten auf. Thomas ging auf das Deck hinaus und sah zum Himmel hoch.
„Heute wird es schön", sagte er zu Drops und Martin, die zu ihm herausgetreten waren. Da hörten sie jemanden husten.
„Wer war das?" fragte Thomas und sah von Martin zu Drops. „Hat sich einer von euch erkältet?"
„Also ich habe nicht gehustet", sagte Martin.
„Ich auch nicht", beteuerte Drops.
„Und ich auch nicht", meinte Thomas. „Wer war es also?"
Schon wieder hörten sie das Husten.
„Ich sehe jemanden im Beiboot", sagte Martin.
„Wer es auch ist, er soll herauskommen!" befahl Thomas streng.

Sie sahen genau hin, und auf einmal regte sich etwas im Beiboot. Dann tauchte das Gesicht eines Maulwurfs auf.

„Ich wollte nichts Böses tun", sagte der Maulwurf traurig. „Aber ich war so müde, ich mußte einfach schlafen. Ich dachte, ihr wäret mir sicher nicht böse."

„Da irrst du dich aber!" schimpfte Drops. „Wir sind dir sehr wohl böse. Du hast kein Recht, in unserem Beiboot zu schlafen! Es ist doch kein Bett!"

„Pst!" sagte Thomas sanft. „Siehst du denn nicht, daß der arme, kleine Kerl krank ist? Wir müssen ihn so schnell wie möglich an Bord holen!" Und schon kletterte Thomas ins Beiboot hinunter. Der kleine Maulwurf zitterte am ganzen Leib. Seine Augen waren trüb, sein Fell struppig, und seine Barthaare hingen schlaff herunter. „Bitte, mein Herr, es tut mir so leid", sagte er und schreckte vor Thomas' Hand zurück. „Ich gehe sofort... Bitte, werfen Sie mich nicht ins Wasser." Seine Augen waren groß und angstvoll, als er versuchte, Thomas auszuweichen.

„Ob du willst oder nicht, du kommst jetzt an Bord", befahl Thomas. „Du brauchst überhaupt nichts mehr zu sagen." Vorsichtig nahm er den Maulwurf und reichte ihn zu Drops und Martin an Bord hinauf.

„Du bist wirklich ein trauriger, kleiner Kerl", sagte Drops. Zitternd und bebend stand der Maulwurf vor ihnen. Seine Knie schlotterten, und seine Zähne klapperten, sein Fell aber war feucht und klebte an ihm wie ein nasser Mantel. Ganz dünn und armselig sah er aus!
„Kein Wunder, daß er hustet", meinte Martin. „Er hat ja kaum genug Fell, das ihn tagsüber wärmen kann, geschweige denn in der Nacht. Und letzte Nacht war es wirklich lausekalt!"

Sie brachten den Maulwurf unter das Deck und hüllten ihn in eine Decke ein. Dann gaben sie ihm eine Schale mit heißer Suppe. „Nun erzähl uns einmal, was geschehen ist", sagte Thomas freundlich. „Warum warst du in dem Beiboot?"
„Ich habe mich erkältet", begann der Maulwurf und bekam wieder einen Hustenanfall. „Ich weiß zwar nicht, wo, aber es ist nun einmal geschehen."
„Ja", meinte Thomas, „so ist das mit Erkältungen. Aber warum hast du dich dann nicht zu Hause in dein Bett gelegt?"
„Das wollte ich ja gerade tun", erzählte der Maulwurf weiter. „Aber ich hatte solche Kopfschmerzen, daß ich nicht mehr nach Hause fand. Ach, mir war so elend... Und es war so kalt... Da sah ich euer Beiboot. Ich kletterte hinein und schlief ein."
Der kleine Maulwurf trank die heiße Suppe und reichte dann die Schale zurück. „Danke, ich gehe jetzt", sagte er.

„Nein, du gehst nicht!" sagte Thomas bestimmt. Und dann mußte der Maulwurf erst einmal Fieber messen. Thomas betrachtete das Thermometer und sagte: „Du hast sehr hohes Fieber. Du gehst nicht eher von Bord, bis du wieder gesund bist." Und dann steckte er den Maulwurf ins Bett, in seine eigene Koje.

Zwei Tage schlief der Maulwurf tief und fest, er rührte und regte sich nicht. Thomas aber wickelte sich nachts in eine Decke und legte sich zum Schlafen auf den Boden der Kabine.
Wieder einmal schlichen Martin und Drops auf Zehenspitzen an dem Maulwurf vorbei durch den Gang. „Der Maulwurf schläft wirklich sehr lange", flüsterte Martin.
„Wahrscheinlich braucht er viel Schlaf", meinte Drops, und Tränen glitzerten in seinen Augen. Er hatte gerade Zwiebeln geschnitten: Der Maulwurf sollte doch eine heiße Suppe haben, wenn er aufwachte!

Am dritten Tag erst erwachte der Maulwurf. Er richtete sich im Bett auf und sagte strahlend: „Ich habe Hunger!" Jetzt waren seine Augen überhaupt nicht mehr trüb.
Schnell brachte Drops die heiße Suppe. Und dann löffelte der Maulwurf drei Schalen Suppe aus.
„Hier hast du noch Brot", sagte Martin. Und der Maulwurf futterte auch noch vier Scheiben Brot.
Dann wischte er sich den Mund ab und sagte: „Ich bin satt."
„Geht es dir jetzt besser?" erkundigte sich Thomas, und Martin wunderte sich: „Wo hat er das bloß alles hingesteckt?"
Da zeigte Drops auf den Bauch des Maulwurfs und sagte nur: „Dahin!"
Ja, der Bauch des Maulwurfs war rund, kugelrund sogar!

„Meinst du, du kannst jetzt wieder aufstehen?" fragte Thomas.
Sofort schlug der Maulwurf die Bettdecke zurück und schwang die Beine seitlich aus der Koje. Dann stand er auf und versuchte zu laufen.

Glückstrahlend verkündete er: „Ich fühle mich wie neugeboren! Die schlimme Erkältung ist vollkommen vorbei!"
Es war kaum zu glauben, daß dies derselbe Maulwurf war wie der, den sie vor drei Tagen im Beiboot gefunden hatten. Er war so fröhlich und springlebendig, so voller Leben. Er sagte und tat so lustige Sachen, daß sie dauernd lachen mußten.
Sie waren richtig traurig, als sie sich von ihm verabschiedeten.
Er verließ sie mit einer Landkarte unter dem Arm und einem Stock über der Schulter, an dem, in ein Tuch gehüllt, ein Vorrat an Käse und Obst hing.
„Schade, daß er nicht länger bei uns bleibt", seufzte Martin.
„Ja, das ist es wirklich", stimmte Thomas ihm zu.

Sturm

Eines Nachts rollte Drops im Schlaf aus der Koje. Es tat einen dumpfen Schlag, und Drops wachte auf. Komisch, dachte er, warum bin ich bloß herausgerollt? Gerade war er verwundert in seine Koje zurückgeklettert, da rollte Martin aus seiner Koje. Er landete gleichzeitig mit Drops auf dem Fußboden. „Wieso sind wir 'rausgerollt?" fragte Martin, als er sich von der ersten Überraschung erholt hatte. Beide rappelten sich wieder hoch. Doch Drops antwortete Martin nicht. Er lauschte ganz angestrengt. „Hör mal, was ist das für ein merkwürdiges Geräusch?"
„Das ist der Wind", antwortete da Thomas, der durch die Unruhe um ihn herum wach geworden war. „Aber warum seid ihr eigentlich nicht in eurer Koje?"
„Wir sind plötzlich gleichzeitig herausgerollt", erklärte Martin.
Thomas lachte. „Ihr hättet euch fester in eure Decke wickeln sollen."
Doch nun schien die ganze Tulpe zu rollen, und zu seiner großen Überraschung lag Thomas kurze Zeit später neben Martin und Drops auf dem Fußboden.

„Hört doch nur den Wind", sagte Drops ängstlich. „Der klingt richtig gefährlich." Ja, der Wind heulte und pfiff. Und je mehr er heulte und pfiff, umso heftiger schlingerte und rollte die Tulpe. Martin stand auf – und fiel sofort wieder hin. Jetzt hörten sie, wie Gegenstände auf dem Gang herumrutschten. Irgendetwas fiel krachend um. Und auch über sich auf dem Deck hörten sie Dinge hin- und herrutschen.

„Was ist nur los?" fragte Drops. Er hatte sich vor lauter Angst unter seiner Koje versteckt.
Nun hörten sie in der Ferne Donnergrollen.
„Wir kriegen Sturm!" rief Thomas. „Schnell, wir müssen an Deck und alles Bewegliche festbinden, damit es nicht in den Fluß geweht wird!"

Auf dem Deck merkten sie schon etwas von der Heftigkeit des nahenden Sturmes. Ja, es bestand ernstlich Gefahr, daß der Wind sie erfassen und davontragen würde. Darum seilte Thomas seine Freunde und sich erst einmal sicherheitshalber fest. Falls wirklich einem etwas passieren würde, könnte man ihn an dem Seil wieder an Bord ziehen! Dann machten sich die drei an die Arbeit. Als erstes zogen sie das Rettungsboot an Bord.

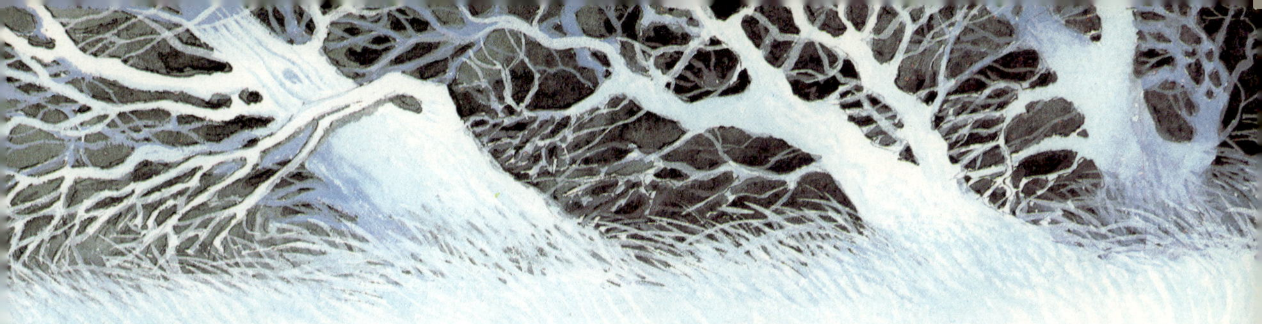

Jedes Mal, wenn ein Blitz aufleuchtete, sahen sie, wie sich am Ufer die Bäume im Wind zur Seite neigten und hin- und herbogen. Die Tulpe bäumte sich auf wie ein wildes Pferd. Doch die drei waren so beschäftigt, daß sie gar nicht an Angst dachten. Was sie nur tragen konnten, schafften sie unter das Deck, und alles andere vertäuten sie. Die Stärke des Windes schien zuzunehmen, die Blitze wurden heller und der Donner lauter. Und als sie fast fertig waren, setzte der Regen ein.

Aber es war kein gewöhnlicher Regen. Die Tropfen waren erbsengroß und prasselten dicht nebeneinander herunter. Im Nu war alles – auch sie selbst – völlig durchnäßt. Das Regenwasser lief in einem großen Strom über das Deck, und der Regen peitschte ihre Gesichter und tat ihnen in den Augen weh. „Geht ihr schon 'runter!" befahl Thomas, „ich mache den Rest hier allein! Los!... Geht 'runter!"

Drops und Martin fielen die Treppe hinunter, und ein Wasserstrom folgte ihnen. „Thomas!" riefen sie. „Thomas!" Sie hatten Angst, sie würden den Freund nie wiedersehen. Die Zeit kam ihnen vor wie eine Ewigkeit. Sie waren so glücklich, Thomas endlich wiederzusehen, daß sie ihn ganz fest umarmten und beinahe vor Freude geweint hätten. Thomas aber schloß die Tür und setzte sich auf die Treppe. Er sah sehr müde aus.

„Jetzt können wir nichts mehr tun", sagte er, „wir können nur noch abwarten."

Der Sturm tobte stundenlang. Doch schließlich hörte der Regen auf. Der Donner wurde zu einem fernen, leisen Grollen, und der Wind heulte nicht mehr. Die Tulpe hörte auf zu schlingern. Da schliefen alle drei im Sitzen ein, genau da, wo sie waren. Sie waren zu erschöpft, um noch in die Kojen zu klettern.

Hochwasser

Als sie am nächsten Morgen aufwachten, war alles ganz still und ruhig. Sie streckten ihre steifen Glieder und gingen an Deck, um zu sehen, ob der Sturm viel Schaden angerichtet hätte.

Der Mund blieb ihnen vor Staunen offen stehen: Der Fluß war über die Ufer getreten. Wohin sie auch blickten, sahen sie nur Wasser. Da war kein Büschel Gras mehr, auch die Hecken waren fast verschwunden, und die Bäume standen mit den Stämmen bis zur Hälfte im Wasser. Überall, ja wirklich ü b e r a l l saßen Tiere in den Bäumen und oben auf den Hecken, Tiere, die nie zuvor geklettert waren!

Da war keine Zeit zu verlieren. „Martin, du kommst mit mir!" ordnete Thomas an. „Drops, du bereitest in der Zwischenzeit heiße Getränke und hältst Handtücher bereit."
Thomas und Martin ließen das Beiboot ins Wasser und ruderten zum nächsten Baum. Eine Kaninchenfamilie war dort gestrandet.
„Erst die Kleinen", befahl Thomas.

„Reicht sie mir herunter!" Die Kaninchen drängten sich in dem Beiboot dicht aneinander. Die Armen zitterten vor Kälte.
Als Thomas sie hinüber zur Tulpe ruderte, bedankte sich die Kaninchenmutter und meinte: „Viel länger hätten wir es dort bestimmt nicht ausgehalten."
Drops half den Kaninchen an Bord, und Thomas und Martin ruderten erneut los.

Achtmal fuhren Thomas und Martin mit dem Beiboot, bis alle Tiere gerettet und an Bord der Tulpe gebracht waren. Oder fast alle.
„Mich brauchst du nicht zu retten", sagte die Eule, als Martin auch sie in das Beiboot holen wollte. Erst dachte Martin, sie hätte nur Angst, ins Beiboot zu springen. „Läßt du wohl meinen Schwanz los!" schimpfte da die Eule. „Auf diesem Baum bin ich zu Hause. Rettet nur alle anderen, damit ich mein Haus endlich wieder für mich allein habe."
„Oh, entschuldige." Martin war die Sache sehr peinlich. „In Zukunft weißt du Bescheid", meinte die Eule und zwinkerte Martin dabei zu. Er sollte wissen, daß sie ihm nicht böse war.

Gerade als Martin und Thomas an Bord der Tulpe klettern wollten, um sich die wohlverdiente Ruhe zu gönnen, rief Drops: „Halt, noch nicht!" Er deutete zu einem Baum. „Da drüben ist noch jemand!"
Als Martin und Thomas mit dem Boot in die Nähe des Baumes kamen, sahen sie dort etwas in der Sonne glitzern.
„Das kann doch nicht wahr sein!" rief Thomas. „Ein Fahrrad!"
Martin aber seufzte: „Dann ist bestimmt Freddi in der Nähe."

„Auf dem Baum ist er nicht", stellte Thomas fest. „Natürlich nicht", sagte da Freddi, „was sollte ich dort auch?" Er schwamm neben ihnen im Wasser und paddelte träge mit seinen langen Beinen. „Ich habe mich schon gefragt, wann ihr endlich zu mir kommt."
„D i c h brauchen wir doch wirklich nicht zu retten", sagte Martin. „Du kannst doch schwimmen. Für dich ist das Hochwasser doch so etwas wie ein Urlaub!"
„Ja, für mich vielleicht..., aber nicht für mein Fahrrad!"
„Du meinst doch nicht im Ernst, wir sollen dein Fahrrad retten?!" Thomas traute seinen Ohren nicht. „Selbstverständlich ist das mein Ernst. Los, rückt mal ein wenig, ich komme ins Boot." Schon schwang Freddi ein Bein in ihr Beiboot und zog sich hinein.

„Wie ist denn das Fahrrad auf den Baum gekommen?" fragte Thomas.
„Ich habe es hinauf gebracht", sagte Freddi schlicht.
Martin und Thomas sahen sich an.
„Du? Soll das ein Witz sein?" fragte Thomas.
„Keineswegs. Ich habe es hinauf gebracht. Allein konnte es ja schlecht auf den Baum klettern."
„Aber wie hast du es bloß da hoch gekriegt?"
„Unter großen Schwierigkeiten!" Freddi stöhnte, als er daran dachte, w i e mühselig es gewesen war.
Es war jedoch ebenso schwierig, das Rad wieder herunter zu holen. Freddi hatte es nämlich nicht nur einfach in den Baum gestellt, nein, er hatte es zusätzlich noch festgebunden.
„Ich wollte selbstverständlich nicht, daß es 'runterfällt", erklärte Freddi Thomas und Martin.
Martin versuchte verzweifelt, einen der Knoten zu lösen. „Was sind das bloß für Knoten?" fragte er.
„Froschknoten natürlich", erwiderte Freddi, „was sonst?"
Thomas grinste. Wer dumm fragt, kriegt eine dumme Antwort, dachte er.

Als das Fahrrad endlich losgebunden war, hoben sie es ins Beiboot hinunter und ruderten zur Tulpe zurück.
„Dachte ich mir's doch, daß du das bist", rief Drops Freddi zu.
„Ich weiß nicht, was du damit sagen willst", erwiderte Freddi. „Schaff mal ein wenig Platz da oben! Ich möchte auf keinen Fall, daß sich jemand in der Nähe meines Rades aufhält!"
„Auf der Tulpe ist kein Platz für dein Rad", widersprach Thomas. „Es bleibt im Beiboot."
„Dann bleibe ich bei meinem Fahrrad", sagte Freddi. Und das tat er. Er setzte sich ins Beiboot und kehrte der Tulpe den Rücken zu. Darüber mußten alle an Bord lachen.

Bis zum Mittag war das Hochwasser zurückgegangen, und das Gras schaute wieder hervor. Die Erde dampfte in der heißen Mittagssonne, und bald waren an Land nur noch ein paar große Pfützen zu sehen.
Freddi und sein Fahrrad waren als erste an Land.
Martin konnte es nicht lassen, hinter Freddi herzurufen: „Lern ein paar neue Knoten, bevor du dein Rad wieder festbindest!"
„Hu!" machte Freddi nur. Er schwang sich auf sein Fahrrad und radelte davon, jede Pfütze sorgfältig umfahrend. „Du weißt bloß nicht, was gute Knoten sind!"

Als Freddi weg war, brachte Thomas alle anderen an Land. Dann endlich hatten sie Zeit und auch Platz nachzuschauen, welchen Schaden der Sturm auf der Tulpe angerichtet hatte.
Es ließ sich alles leicht wieder in Ordnung bringen, aber es gab viel zu putzen und zu säubern.
„Wir sind recht gut davongekommen", meinte Thomas und holte Schrubber und Eimer.
„Und die andern auch", sagte Drops.
„Ja, und ein Fahrrad, das jemandem gehört, den wir kennen", lachte Martin. „Froschknoten! Hat man so etwas schon gehört!?"

Haltet den Dieb!

Als sie Freddi das nächste Mal sahen, hatte er sein Fahrrad nicht bei sich. Er humpelte den Uferpfad entlang, als hätte er an sämtlichen Zehen Blasen und an allen Gelenken Schmerzen. Er starrte vor sich hin, als ob er nach etwas suchte.
„Wo ist denn dein Fahrrad?" rief Drops ihm zu.
„Wenn ich das wüßte, würde ich bestimmt nicht laufen!" rief Freddi zurück, ohne aufzusehen.
„Ist wohl etwas mit deinem Rad passiert?" fragte Drops.
„Vielleicht hat er es an einen Baum gebunden. Und jetzt weiß er nicht mehr, an welchen!" kicherte Martin.
Doch Freddi sagte zornig: „Es ist verschwunden! Ich hatte es ganz kurz, wirklich nur für einen Augenblick, allein gelassen. Und schon hatte es jemand gestohlen!"
„Das ist gemein!" rief Drops. „Das hätte er nicht tun dürfen!"
„Können wir dich vielleicht mit der Tulpe irgendwohin bringen?" bot Thomas an. Er wußte ja, daß Freddi das Laufen nicht gewöhnt war. „Nein", sagte Freddi, „vielen Dank."
So höflich war er sonst nie, und daran merkte man, daß er wirklich sehr wütend war. „Ich suche Spuren. Ich darf keine Stelle auslassen."

Sie versprachen Freddi, nach seinem Fahrrad auszuschauen. Dann überließen sie ihn seiner Spurensuche. Alle drei waren sehr still. Sie mußten daran denken, wie verlassen sich Freddi ohne sein Fahrrad fühlte.
„Wir sollten umkehren und ihm helfen", sagte Drops. Er saß mit Martin auf dem Deck und enthülste Erbsen.
„Wir würden zu viele Fußspuren machen", wandte Martin ein. „Wir würden jede andere Spur zudecken. Das würde dem Frosch nicht weiterhelfen."

„D a ! "
Martin sprang so plötzlich auf, daß er die Schüssel mit Erbsen umstieß, und alle Erbsen über das Deck rollten. „Sieh doch! Da ist ja Freddis Fahrrad! Halt! Haltet den Dieb!"

Martin und Drops drohten mit den Fäusten und schrien. Doch es war umsonst. Das Wiesel, das da auf Freddis Rad den Uferpfad entlang fuhr, sah sich nur um und grinste frech. Dann trat es noch fester in die Pedale. Es sauste wie eine kleine Rakete den Uferpfad entlang. Es fuhr mit Freddis Fahrrad rücksichtslos über jeden Buckel und durch jedes Schlagloch.

Drops und Martin sausten die Treppen zum Führerhaus hinauf. Sie nahmen immer zwei Stufen auf einmal und schrien gleichzeitig:
„Fredd...Fredd...es...es...schnell...tu doch ...Freddii.."
Thomas steckte mit dem Kopf im Schrank und suchte etwas.
„Langsam, langsam! Was ist denn los? Redet doch nicht beide auf einmal!"
Da schluckten beide, holten tief Atem und dann redeten wieder beide:
„Freddis...", sagte Drops.
„Fahrrad...", sagte Martin.
„Ja?" fragte Thomas.
„Wir haben...", sagte Drops,
„es gesehen...", sagte Martin.
„Wo?" fragte Thomas.
„Ein Wiesel..."
„fährt damit..."
„auf dem Uferpfad..."
„Dann müssen wir es anhalten!"
„Das haben wir versucht..."
„Wir haben gerufen..."
„Aber es wollte nicht..."
„stehenbleiben..."
„In welche Richtung fährt es?"
„In diese..."
„Dann habe ich eine gute Idee", sagte da Thomas.

Thomas fuhr nun mit der Tulpe volle Kraft voraus. Das Schiff durchfurchte den Fluß, daß das Wasser nur so am Bug hochsprühte. Bald waren sie auf gleicher Höhe mit dem Wiesel, dann überholten sie es. Jetzt fuhren sie um eine Biegung des Flusses und sahen es überhaupt nicht mehr. „Warum machst du das?" fragte Martin. „So helfen wir Freddi doch nicht! Und du hast versprochen, daß wir ihm helfen!" – „Wir fahren einfach davon und tun gar nichts!" schimpfte auch Drops. Thomas aber hatte keine Zeit, ihnen seinen Plan zu erklären. Er hatte alle Hände voll zu tun. Er steuerte die Tulpe geradewegs aufs Ufer zu. Mit einem Ruck kam sie zum Stillstand, und die drei Freunde purzelten durcheinander. „Mir nach!" rief Thomas und sprang an Land.

„Wenn ich nur wüßte, was Thomas vorhat", sagte Martin. Drops und er folgten Thomas schnaufend.

„Schichtet diese Steine zu einem Haufen auf dem Uferpfad. Los, macht schnell!"

„Aber das ist gefährlich! Es könnte jemand darüber fallen!"

„Tut, was ich euch sage! Und beeilt euch!"

Also taten beide, was Thomas ihnen befohlen hatte. Gerade schichteten sie den letzten Stein auf den Haufen, da kam das Wiesel auf Freddis Fahrrad um die Kurve gesaust. Es sah zwar den Steinhaufen, aber es fuhr so schnell, daß es nicht mehr bremsen konnte. Und im hohen Bogen flog es über die Lenkstange, mitten in einen Brombeerstrauch. Das Fahrrad jedoch fiel klappernd auf den Uferpfad.

Das schlaue Wiesel aber rannte davon, so schnell es konnte. Es steckte voller Dornen und sah aus wie ein Nadelkissen. Thomas hob das Fahrrad auf. Das Vorderrad hatte einen schlimmen Achter.
„Freddi wird toben", sagte Martin seufzend. „Er meint bestimmt, es sei unsere Schuld."
Doch Freddi war ihnen überhaupt nicht böse.

Er hatte alles von einem Hügel aus beobachtet. Zunächst hatte er das Wiesel auf seinem Fahrrad gesehen und geglaubt, nun sei sein geliebtes Rad für immer verloren.
„Ach, ich bin euch ja so dankbar", sagte Freddi. „Auch meine Füße danken euch. Die Beine eines Frosches sind nämlich nicht zum Laufen geschaffen." Er setzte sich aufs Rad und radelte den Uferpfad entlang. Wegen des Achters ging es immer hoch – 'runter, hoch – 'runter!

Die Wolke

Drops sah ängstlich zum Himmel. „Hoffentlich kriegen wir heute nicht schon wieder Sturm", meinte er, denn in der Ferne zog eine große Wolke auf.
„Sie kommt in unsere Richtung", sagte Martin. Schon fing er an, herumzusausen und alles vorsichtshalber abzudecken.
„Außer der einen sind aber keine Wolken am Himmel", stellte Drops fest, der noch immer in die Höhe sah.
„Mag sein", meinte Martin. „Aber diese eine kommt immer näher! Los, steh nicht so herum. Hilf mir lieber!"
Thomas hörte die beiden Freunde auf dem Deck herumrennen und kam neugierig herbei.
„Da hinten kommt eine Wolke", erklärte Martin ihm. „Wahrscheinlich gibt es Regen. Wir decken schon mal vorsichtshalber alles ab."

Thomas meinte: „Eigentlich sieht sie nicht wie eine Regenwolke aus."
„Wie schnell sie sich bewegt!" staunte Drops. Und Martin jammerte:
„Sie kommt genau auf uns zu!"
„Also ich weiß nicht recht, es geht gar kein Wind", sagte Thomas.
„Aber von allein kann eine Wolke sich nicht bewegen. Es muß ein Wind gehen", widersprach Martin.
„Diese Wolke bewegt sich trotzdem von allein. Und außerdem ist sie nicht dunkel genug für eine Regenwolke", sagte darauf Thomas.
Drops aber spitzte plötzlich die Ohren. „Die Wolke macht ein Geräusch", sagte er. „Flp...flp...flp..." schien sie zu machen.
Und außer diesem ständigen „Flp...flp...flp..." hörte Drops noch „Squk...squk...squk"
„Mit meinen Ohren scheint etwas nicht in Ordnung zu sein", meinte er.
„Also wenn mit deinen Ohren etwas nicht stimmt", sagte da Martin,
„dann ist mit meinen auch irgendetwas nicht richtig."

„Es ist ein Vogelschwarm!" rief Thomas plötzlich. „Ein riesengroßer Vogelschwarm!" Ja, jetzt sahen es auch Drops und Martin. Die Vögel flogen ganz dicht. Ihre Flügelspitzen berührten sich fast, und der Schnabel des hinteren Vogels stieß fast an den Schwanz des vorderen. Und alle Vögel redeten auf einmal.
„Wohin fliegt ihr?" rief Thomas ihnen zu, als der Anführer über ihm war.

Da neigte der Vogel leicht den Kopf und sah an seinem Schnabel entlang nach unten.
„In ein wärmeres Land!" rief er stolz. „Wir überwintern im Ausland!"
„Schau lieber nach vorn, sonst machst du noch eine Bruchlandung!" rief Martin.
„Du weißt noch nicht sehr viel, nicht wahr?" fragte der Vogel und lächelte überheblich.

Der Vogelschwarm flog jetzt genau über der Tulpe. Er schob sich vor die Sonne und warf einen riesigen Schatten über das Schiff und den Fluß. Die Flügel der Vögel aber verursachten einen solchen Luftzug, daß sich die Wasseroberfläche kräuselte. Ganz schnell hielten Martin und Drops sich an Thomas fest, um nicht über Bord geweht zu werden.
„Das ist ja fast so schlimm wie ein Sturm!" rief Martin, als sie alle beisammen standen und zu den schlagenden Flügeln hinauf schauten.

„Du da unten, sei nur nicht frech!" rief einer der Vögel zu Martin hinunter. „Sonst nehmen wir dich mit!" Er stieß herunter und tat, als strecke er seine Krallen nach Martin aus. Martin schrie in den höchsten Tönen. Er schmiegte sein Gesicht an Thomas und umklammerte ihn so fest, daß Thomas kaum noch atmen konnte. „Bitte, Thomas, laß nicht zu, daß er mich mitnimmt", wimmerte Martin. „Meinst du wirklich, der Vogel würde das tun?" fragte Drops und hängte sich ebenfalls an Thomas. „Ach, ihr Dummerchen, er macht doch nur Spaß", hörten beide Thomas lachend sagen. „Der Vogel käme auch gar nicht weit mit euch. Er müßte euch sehr bald absetzen, um mit den anderen Vögeln mithalten zu können."
„Ist er jetzt weg?" fragte Martin ohne aufzublicken mit ziemlich undeutlicher Stimme.
„Ja, komm nur wieder hervor", ermunterte ihn Thomas.

Es kam ihnen vor wie eine Ewigkeit, bis endlich auch der letzte Vogel die Tulpe überflogen hatte und die Sonne wieder zum Vorschein kam. „Wir sehen euch wieder, wenn wir zurückkommen!" rief der letzte Vogel. Er stieß herab und flog wieder in die Höhe und verabschiedete sich so von ihnen.
„Darauf freue ich mich wirklich nicht!" meinte Martin.
„Wenn ich sie kommen sehe, gehe ich ins Unterdeck und schließe mich ein, bis sie wieder vorüber sind", schwor Drops.
„So schlimm fand ich das alles gar nicht", meinte Thomas lachend. „Es war eher aufregend. Aber wer hilft mir jetzt, all die Federn aufzulesen? Es sind genug, um ein Kopfkissen daraus zu machen!"

Die Überraschung

Martin und Drops hatten etwas an Land zu erledigen. Sie wollten Thomas nicht verraten, was es war. Und als sie zurückkamen, wollten sie ihm auch nicht sagen, wo sie gewesen waren. Sie wollten ihm erst recht nicht verraten, was in dem Paket war, das sie vergeblich versuchten, hinter sich zu verbergen.

„Was für ein Paket?" fragten sie unschuldig, als wüßten sie überhaupt nicht, wovon er sprach. Sie trugen ihr Paket in die Kajüte hinunter und versteckten es in einer ihrer Kojen. Als sie sahen, daß Thomas die Kajüte kehrte, nahmen sie ihm schnell den Besen ab und erledigten die Arbeit allein. „Wir machen das schon", versicherten sie Thomas. „Im Führerhaus ist bestimmt genug für dich zu tun!"

Zwei Tage später, als Martin und Drops Thomas zum Frühstück riefen, sah Thomas das Paket im Gang stehen. Später lag es – in braunes Papier gehüllt und verschnürt – neben seinem Teller.
„Was ist das?" fragte Thomas.
„Es gehört dir!" sagten Martin und Drops wie aus einem Munde.
„Herzlichen Glückwunsch zum Geburtstag, Thomas!"
„Habe ich wirklich heute Geburtstag?" fragte Thomas.
„Das weißt du doch ganz genau", meinte Drops lachend. „Niemand vergißt seinen Geburtstag." Aber Thomas hatte ihn tatsächlich vergessen.
„Pack doch aus!" sagte Drops ungeduldig.
„Hoffentlich gefällt es dir", meinte Martin.
Die beiden konnten es kaum noch erwarten. Sie sahen zu, wie Thomas erst die Schnur löste, das Geschenk aus dem Papier wickelte und dann vorsichtig das braune Papier entfernte.

Als Thomas schließlich sah, was in dem Paket war, verklärte ein seliges Lächeln sein Gesicht. Es war nämlich eine Ziehharmonika.

„Na, gefällt sie dir?" fragten Drops und Martin.

„Es ist das schönste Geschenk, das ich je bekam", beteuerte Thomas, und schon spielte er ein paar Töne.

„Na siehst du, ich habe dir ja gesagt, er kann darauf spielen", sagte Drops glückstrahlend zu Martin.

Auch Thomas strahlte. „Wißt ihr, schon als ich noch so klein wie ein Grashüpfer war, habe ich mir eine Ziehharmonika gewünscht."

„Du warst aber winzig, als du klein warst", staunte Martin.

„Ja, das war ich", versicherte Thomas.

Nach dem Frühstück schickten Martin und Drops Thomas auf das Deck, damit er auf der Ziehharmonika übte.
„Heute spülen wir das Geschirr", sagten sie. „Heute soll für dich ein ganz besonderer Tag sein!"
Nach dem Abwasch dann setzten sich beide Thomas gegenüber und sahen zu, wie er die Ziehharmonika auseinanderzog und wieder zusammenschob. Voller Freude stießen sich Drops und Martin an.
Plötzlich fing Thomas an, leise zu seinem Spiel zu summen.
„Sing uns etwas vor", bat Drops.

„Gern, aber nur, wenn ihr mitsingt", sagte Thomas.
Da sangen Drops und Martin mit. Und als sie ein Lied zu Ende gesungen hatten, stimmten sie sogleich das nächste an. Und dann noch eins und noch eins...

Gerade hatten sie wieder ein Lied zu Ende gesungen und überlegten, welches sie als nächstes anstimmen sollten, da rief ihnen jemand vom Ufer aus etwas zu. Sie schauten hinüber und merkten, daß sie nicht allein waren. Ihre Freunde hatten sich am Ufer zusammengefunden und hörten ihnen zu.
„Singt weiter!" riefen sie. „Es gefällt uns!"
„Uns auch!" rief Thomas zurück. „Aber kommt doch an Bord und singt mit uns!"
Das brauchte Thomas nicht zweimal zu sagen. Freddi war als erster an Bord. Er schob sein Fahrrad den Laufsteg hoch und stellte es neben dem Führerhaus ab.

Wie herrlich sie sangen! Und schon begannen die ersten, mit den Füßen den Takt zu stampfen.
„Spiel uns ein Matrosenlied!" bat ein Kaninchen Thomas, als eine kurze Pause im Singen war.
„Und Freddi wird für uns tanzen", meinte Thomas lächelnd.
Da sprang Freddi auf die Füße. Wild wirbelten seine Beine, als Thomas den Matrosentanz spielte.

Schneller und schneller wurde der Tanz, bis Freddis Beine sich auf einmal zu einer Acht verschlangen.
Da mußte Freddi innehalten.
„So etwas ist mir noch nie passiert", meinte er kopfschüttelnd und sah auf seine Beine hinab. „Kann wohl jemand den Knoten lösen?"
„Meinst du, es ist ein Froschknoten?" flüsterte Martin Drops zu.
„Es sind Froschbeine, also muß es auch ein Froschknoten sein", kicherte Drops zurück.

Thomas spielte auf der Ziehharmonika, und alle tanzten oder sangen. So ging das den ganzen Nachmittag. Als es dunkelte, zündeten Martin und Drops die Laternen an. Da saßen dann alle herum, zu müde zum Tanzen, aber auch zu glücklich und zufrieden, um schon zu gehen. Drops und Martin trugen Tabletts mit Getränken und kleinen Happen herum, und Thomas erzählte eine Geschichte. Es war der schönste Geburtstag, den Thomas je erlebt hatte.